# 80

## gute Wünsche zum Geburtstag

Viel Glück & viel Segen!

benno

1

## Mögest du

… in deinem Herzen
das vergangene Lebensjahr
in Dankbarkeit bewahren.
Mit jedem Jahr wachsen die Gaben,
die Gott dir schenkte,
um alle, die du liebst,
mit Freude zu erfüllen.

Irischer Segenswunsch

2

# Viel Glück wünsch ich dir

Die Liebe ist das Flügelpaar,
das Gott der Seele gegeben hat.

Michelangelo Buonarroti

3

## Bleibe jung im Herzen

Man bleibt jung, solange man noch lernen,
neue Gewohnheiten annehmen und
Wiederspruch ertragen kann.

Marie von Ebner-Eschenbach

4

# Lass dein Herz sprechen

Zufriedenheit erwächst
nicht aus Dingen,
sondern nur aus der Tiefe unserer Seele.

Mark W. Bonner

5

# Bleib immer zuversichtlich

Nicht das Straucheln ist entscheidend,
sondern das Wiederaufrichten,
nicht die Resignation,
sondern die Hoffnung.

Franz Kardinal König

6

# Bleib offen für Überraschungen

Bewahre in allen Dingen
die Freiheit des Geistes
und sieh zu, wohin er dich führt.

Ignatius von Loyola

7

# Lach auch immer wieder über dich selbst

Humor ist die Kunst,
sich ohne Spiegel
selber ins Gesicht zu lachen.

Paul Hörbiger

8

# Bleib, wie du bist

Wünsche nicht,
etwas anderes zu sein,
als du bist, aber
versuche, dies so gut
wie möglich zu sein.

Franz von Sales

9

# Bewahre deine Weitsicht

Wer gesammelt in der Tiefe lebt,
der sieht auch die kleinen Dinge
in großen Zusammenhängen.

Edith Stein

10

# Lache auch einmal über dich selbst

Alles fügt sich und erfüllt sich.
Jetzt sind die guten alten Zeiten,
nach denen wir uns in zehn Jahren
zurücksehnen werden.

Peter Ustinov

11

# Nimm jeden Tag als ein Geschenk Gottes

Grüßen wir jeden neuen Tag
mit Freude und Hoffnung,
denn er ist ein Geschenk Gottes.

Franz von Sales

12

# Bleib begeisterungsfähig

Wir werden nicht älter mit den Jahren,
wir werden neuer jeden Tag.

Emily Dickinson

13

# Blicke dankbar zurück

Wer jeden Abend sagen kann,
ich habe gelebt, dem bringt jeder
Morgen einen neuen Gewinn.

Lucius Annaeus Seneca

14

# Freu dich über jede Stunde

Freu dich über jede Stunde,
die du lebst auf dieser Welt.
Freu dich, dass die Sonne aufgeht,
und auch, dass der Regen fällt!
Freu dich an jedem Morgen,
dass ein neuer Tag beginnt.
Freu dich an den
Frühlingsblumen
und am kalten Winterwind!

Traditioneller Segenswunsch

15

# Gönne dir Oasen der Stille

Die Stille ist nicht
auf den Gipfeln der Berge,
der Lärm nicht
auf den Märkten der Städte;
beides ist in den Herzen der Menschen.

Laotse

16

## Geniesse deine Zeit

Gegen ein hohes Alter
kann man nichts machen.
Aber man kann versuchen,
möglichst lange alt zu sein.

Johannes XXIII.

17

# Liebe das Lebendige

Es ist wichtiger,
dass jemand sich über
die Rosenblüte freut,
als dass er ihre Wurzel
unter das Mikroskop bringt.

Michelangelo Buonarroti

18

# Bewahre das Staunen

Der einfachste und kindlichste
ist der Weg des Staunens
über die Natur
und des ahnungsvollen Lauschens
auf ihre Sprache.

Hermann Hesse

19

# Hüte deine Erfahrungen

Erfahrung ist nicht das,
was einem zustößt.
Erfahrung ist das,
was man aus dem macht,
was einem zustößt.

Aldous Huxley

20

# Pflege Seele, Leib und Sinne

Drei Pfade hat der Mensch in sich,
in denen sich sein Leben tätigt:
die Seele, den Leib und die Sinne.

Hildegard von Bingen

21

# Nutze deine Erfahrungen

Erfahrung ist eine
strenge Lehrmeisterin.
Sie stellt zunächst
die Prüfungsaufgaben
und beginnt danach
mit dem Unterricht.

Altes Sprichwort

22

# Bleibe im Gleichgewicht

Der Himmel hat den Menschen
als Gegengewicht
gegen die Mühseligkeit des Lebens
drei Dinge gegeben:
die Hoffnung, den Schlaf und das Lachen.

Immanuel Kant

23

# Lösbare Aufgaben wünsch ich dir

Das schwere Leben
ist am leichtesten zu tragen,
wenn man sich schweren Aufgaben stellt.

Peter Rosegger

24

# Halte die Balance des Lebens

Leicht zu leben ohne Leichtsinn,
heiter zu sein ohne Ausgelassenheit,
Mut zu haben ohne Übermut –
das ist die Kunst des Lebens.

Theodor Fontane

25

# Öffne dein Herz

Je dunkler es hier um uns wird,
desto mehr müssen wir das Herz öffnen
für das Licht von oben.

Edith Stein

26

# Lerne vom Einfachen

Das Große geschieht so schlicht
wie das Rieseln des Wassers,
das Fließen der Luft,
das Wachsen des Getreides.

Adalbert Stifter

27

# Ich wünsche dir gute und warmherzige Erinnerungen

Lasst das Heute
die Vergangenheit
mit Erinnerungen umarmen
und die Zukunft mit Sehnsucht.

Khalil Gibran

28

# Zeit der Ruhe wünsche ich dir

Nur wenn der See
zur Ruhe gekommen ist,
erkennst du im klaren Wasser
dein Gesicht
wie in einem Spiegel.

29

# Innerer Friede begleite dich

Der Mensch braucht zu seinem Glück
nichts als den inneren Frieden
und braucht, um ihn zu besitzen,
nichts als sich.

Wilhelm von Humboldt

30

# Lebensfreude wünsch ich dir

Drei Dinge sind uns
aus dem Paradies geblieben:
die Sterne der Nacht,
die Blumen des Tages und die Augen
der Kinder.

Dante Alighieri

31

# Behalte die Liebe im Herzen

Solange wir das Leben haben,
sollen wir es mit den uns eigenen Farben
der Liebe und der Hoffnung ausmalen.

Marc Chagall

32

# Blicke heiter auf dein Leben

Statt zu klagen,
dass wir nicht alles haben,
was wir wollen,
sollten wir lieber dankbar sein,
dass wir nicht alles bekommen,
was wir verdienen.

Dieter Hildebrandt

33

# Vertraue deinem Herzen

Nehmen wir uns nicht zu viel vor.
Es genügt die ruhige Suche
nach dem Guten an jedem Tag,
ohne Übertreibung und Ungeduld.

Johannes XXIII.

34

# Lebe einfach und glücklich

Ich verstehe nicht, warum die Menschen so viel Verlangen nach Reichtum haben.

Reichtum ist einfach ein Überfluss an dem, was wir nicht brauchen.

Abraham Lincoln

35

# Lass dich überraschen

Das Leben ist wundervoll.
Es gibt Augenblicke,
da möchte man sterben.
Aber dann geschieht etwas Neues,
und man glaubt, man sei im Himmel.

Edith Piaf

36

# Geniesse zu verschenken

Es gibt kein schöneres Vergnügen,
als einen Menschen dadurch
zu überraschen,
dass man ihm mehr gibt,
als er erwartet hat.

Charles Baudelaire

37

# Nimm dich nicht immer zu ernst

Die Leute,
die über sich selbst lachen können,
die sind schon auf dem richtigen Weg.

Isabella Schneider

38

# Behalte deinen Humor im Herzen

Heiterkeit ist unmittelbarer Gewinn.
Sie allein ist die
bare Münze des Glücks.

Arthur Schopenhauer

39

# Gedanken für dich

Ich wünsche, dass dein Glück
sich jeden Tag erneue,
dass eine gute Tat
dich jede Stund erfreue!
Und wenn nicht eine Tat,
so doch ein gutes Wort,
das selbst im Guten wirkt,
zu guten Taten fort.
Und wenn kein Wort,
doch ein Gedanke schön und wahr,
der dir die Seele mach
und rings die Schöpfung klar.

Friedrich Rückert

40

# Nimm dir Zeit zu lesen

Das Leben gleicht einem Buch.
Toren durchblättern es flüchtig,
der Weise liest es mit Bedacht,
weil er weiß, dass er es
nur einmal lesen kann.

Jean Paul

41

# Erkenne den richtigen Augenblick

Nicht was wir erleben,
sondern wie wir es empfinden,
macht unser Schicksal aus.

Marie von Ebner-Eschenbach

42

# Möge das Glück bei dir sein

Seelenruhe, Heiterkeit und Zufriedenheit
sind die Grundlagen allen Glücks,
aller Gesundheit und des langen Lebens.

Christoph Wilhelm Hufeland

43

# Sei stolz auf dich

Die Leute, die nicht
zu altern verstehen,
sind die gleichen,
die nicht verstanden haben,
jung zu sein.

Marc Chagall

44

# Sei für Überraschungen gut

Die Liebe allein versteht das Geheimnis,
andere zu beschenken und dabei
selbst reich zu werden.

Augustinus

45

# Seelenfrieden wünsch ich dir

Du kannst dein Leben nicht verlängern noch verbreitern, nur vertiefen.

Gorch Fock

46

# Verliere nie die Hoffnung

Hoffnung ist nicht die Überzeugung,
dass etwas gut ausgeht,
sondern die Gewissheit,
dass etwas Sinn hat,
egal wie es ausgeht.

Václav Havel

47

# Zufriedenheit wünsche ich dir

Zufrieden sein ist große Kunst,
zufrieden scheinen großer Dunst,
zufrieden werden großes Glück,
zufrieden bleiben Meisterstück.

Volksweise

48

# Bleib optimistisch

Im Grunde des Herzens
eines jeden Winters
liegt ein Frühlingsahnen,
und hinter dem Schleier jeder Nacht
verbirgt sich ein lächelnder Morgen.

Khalil Gibran

49

# Vertrau deinen Erfahrungen

Das sind die Weisen,
die durch Irrtum zur Wahrheit reisen.
Die bei dem Irrtum verharren,
das sind die Narren.

Friedrich Rückert

50

# Verlass dich auf deine Lebensweisheit

Herr, gib mir die Kraft zu ändern, was ich ändern kann, die Demut anzunehmen, was sich nicht ändern lässt, und die Weisheit, zwischen beiden zu unterscheiden.

Altes Weisheitsgebet

51

# Gute Begegnungen wünsche ich dir

Freundschaft verstärkt das Glück
und lindert das Elend,
sie verdoppelt unsere Freude
und halbiert unsere Schmerzen.

Joseph Addison

52

# Bleib geduldig

Alles fügt sich und erfüllt sich,
musst es nur erwarten können
und dem Werden deines Glücks
Jahr und Felder reichlich gönnen.

Christian Morgenstern

53

# Geniesse die Freude

Immer die kleinen Freuden aufpicken,
bis das große Glück kommt.
Und wenn es nicht kommt,
dann hat man wenigstens
die kleinen Glücke gehabt.

Theodor Fontane

54

# Ich wünsche dir Zufriedenheit

Es gibt nur ein Mittel, sich wohlzufühlen:
Man muss lernen,
mit dem Gegebenen zufrieden zu sein,
und nicht immer das verlangen,
was gerade fehlt.

Theodor Fontane

55

## Bleib sensibel

Nicht das Vielwissen sättigt die Seele
und gibt ihr Befriedigung,
sondern das innere Schauen
und Verkosten der Dinge.

Ignatius von Loyola

56

# Möge der Himmel

den du siehst, immer blau sein,
und mögen deine Träume
sich erfüllen.
Deine Freunde sollen
wahrhaftig sein,
und deine Freude sei vollkommen.
Mögen Glück und Lachen
deine Tage erfüllen –
jetzt und immerdar.

Irischer Segenswunsch

57

# Schenke jedem Tag ein Lächeln

Was der Sonnenschein
für die Blumen ist,
das sind lachende Gesichter
für die Menschen.

Joseph Addison

58

# Höre auf deine Seele

Täglich eine halbe Stunde auf Gott zu
horchen ist wichtig, außer wenn
man sehr viel zu tun hat,
dann ist eine ganze Stunde nötig.

Franz von Sales

59

# Lust am Tun wünsch ich dir

Ich brauche Ruhe und Heiterkeit der Umgebung und vor allem Liebe, wenn ich arbeite.

Adalbert Stifter

60

# Glaub an die Geheimnisse des Himmels

Schön ist, was wir sehen,
schöner, was wir erkennen,
weitaus am schönsten aber,
was wir nicht fassen können.

Niels Stensen

61

# Schöpfe Kraft aus der Natur

Wenn ich zur Ruhe gelangen wollte,
half es mir immer,
Felder, Wasser oder Blumen zu betrachten,
in ihnen fand ich eine Spur des Schöpfers.

Teresa von Ávila

62

# Geduld wünsch ich dir

Warten gibt Stärke;
Warten bringt die jungen Trauben zur Reife
und wandelt, was nur sprossender Keim
war, zu kraftvoller Saat.

Ovid

63

# Nimm das Leben als Geschenk

Will das Glück nach seinem Sinn
dir was Gutes schenken,
sage Dank und nimm es hin
ohne viel Bedenken.
Jede Gabe sei begrüßt,
doch vor allen Dingen:
Das, worum du dich bemühst,
möge dir gelingen.

Wilhelm Busch

64

# Möge das Jahr dich mit seinen Geschenken beglücken:

mit den duftenden Blumen des Frühjahrs,
der wärmenden Sonne des Sommers,
der reichen Ernte des Herbstes.
Der Winter aber schenke dir
die Zeit der Stille für deine Seele.

Irischer Segenswunsch

65

# Hoffnung wünsche ich dir für alle Zeit

Gott hat dem Menschen die Kraft gegeben
zu hoffen, immer wieder zu hoffen,
bis das Erhoffte den Schleier
des Vergessens von seinen Augen nimmt
und er sein wahres Selbst erblicken kann.

Khalil Gibran

66

# Geh deinen Weg gelassen und ruhig

inmitten des Lärms und der Hast dieser Zeit und erinnere dich, welcher Frieden in der Stille liegt.

Aus der Lebensregel von Baltimore

67

# Gute Erinnerungen wünsche ich dir

Wer so lebt, dass er mit Vergnügen
auf sein Leben zurückblickt,
lebt zweimal.

Martial

68

# Jeder Tag möge glückliche Stunden dir schenken,

die das ganze Jahr dich begleiten.
Möge jeder Morgen
dir Freude bringen
und jeder Abend Frieden.
Die Sorgen dagegen sollen
nur wenig sich mehren.
Die Segenswünsche,
die dich erreichen,
mögen sich vervielfachen
und in deinem Herzen
Freude bereiten.

Irischer Segenswunsch

69

# Geniesse die Stille

Stille kommt von stehen.
Wer still werden will, muss stehen bleiben,
um schauen und horchen zu können.

Anselm Grün

70

# Gott schütze dich

Er bewahre dich
vom Kopf bis zu den Füßen.
Er schenke dir seinen Frieden.

Irischer Segenswunsch

71

## Halt auch einmal inne

Ein Stück des Weges
liegt hinter dir,
ein anderes Stück
hast du noch vor dir.
Wenn du verweilst,
dann nur,
um dich zu stärken,
nicht aber,
um aufzugeben.

Augustinus von Hippo

72

# Freude für jeden Tag wünsche ich dir

Nicht die Art der Tätigkeit
macht glücklich,
sondern die Freude des Schaffens
und Gelingens.

Carl Hilty

73

# Bleib sensibel und aufmerksam

Das Älterwerden ist wie
eine Bergbesteigung: Je höher man kommt,
desto müder und kurzatmiger wird man,
aber dafür weitet sich
der Blick immer mehr.

Ingmar Bergman

74

# Glück wünsche ich dir

Glück ist eine stille Stunde,
Glück ist auch ein gutes Buch,
Glück ist Spaß in froher Runde,
Glück ist freundlicher Besuch.

Glück ist niemals ortsgebunden,
Glück kennt keine Jahreszeit,
Glück hat immer der gefunden,
der sich seines Lebens freut.

Clemens Brentano

75

# Erkenne dein Glück

Glücklich machen ist das höchste Glück!
Aber auch dankbar
empfangen können ist ein Glück.

Theodor Fontane

76

# Entdecke immer wieder Neues

Solange man mit
Augen, Mund und Ohren neugierig ist,
trotzt man dem Alter.

L. Lencester

77

# Gönne dich dir selbst

Ich sage nicht:
Tue das immer.
Aber ich sage:
Tue es wieder einmal.
Sei wie für alle anderen Menschen
auch für dich selbst da.
Oder jedenfalls sei es
nach allen anderen.

Bernhard von Clairvaux

78

# Gönn dir Pausen

Du kannst beten, während du arbeitest.
Die Arbeit hält das Gebet nicht auf
und das Gebet nicht die Arbeit.

Mutter Teresa

79

# Geniesse die Beschaulichkeit

Er gibt wichtigere Dinge im Leben,
als beständig dessen Geschwindigkeit
zu erhöhen.

Mahatma Gandhi

80

# Sieh die hellen Wolken nur

Humor ist eine großartige,
eine befreiende Sache.
In dem Augenblick,
wenn er zutage tritt,
verfliegt all unser Ärger
und Verdruss,
und eine strahlende Heiterkeit
tritt an ihre Stelle.

Mark Twain

## Fotonachweis

Umschlag: © Es75/Shutterstock, © Reena/Fotolia, © Arlo Magicman/Fotolia, © Jürgen Flächle/Fotolia,
© yanikap/Fotolia, © hjschneider/Fotolia, © gdvcom/Fotolia, © Lsantilli/Fotolia, © Grafvision/Fotolia, © Galyna Andrushko/Fotolia, © auimeesri/Fotolia, © cosma/Fotolia, © Chepko Danil/Fotolia, © Evgenia Smirnova/Fotolia, © Alina G/Fotolia, © ferretcloud/Fotolia, © amnachphoto/Fotolia, © Alina G/Fotolia, © Swetlana Wall/Fotolia, © veneratio/Fotolia, © thomasklee/Fotolia, © TTstudio/Fotolia, © silver-john/Fotolia, © vencav/Fotolia, © liatris/Fotolia, © RFsole/Fotolia, © SerrNovik/Fotolia, © Vitaly Krivosheev/Fotolia, © Grigory Bruev/Fotolia, © Olga Khoroshunova/Fotolia, © klagyivik/Fotolia, © Jasmin Merdan/Fotolia, © DoraZett/Fotolia, © vencav/Fotolia, © Alina G/Fotolia, © yanikap/Fotolia, © Sandra Cunningham/Fotolia, © seqoya/Fotolia, © Jessmine/Fotolia, © Vivian Seefeld/Fotolia, © Mat Hayward/Fotolia, © Beboy/Fotolia, © Fotoimmz/Fotolia, © antb/Shutterstock, © B.Wylezich/Fotolia, © De Visu/Fotolia, © Dmytro Sukharevskyy/Fotolia, © expressiovisual/Fotolia, © Artur Synenko/Fotolia, © mimadeo/Fotolia, © Kushnirov Avraham/Fotolia, © Grecaud Paul/Fotolia, © Evgenia Tiplyashina/Fotolia, © yarkovoy/Fotolia, © DoraZett/Fotolia, © Alexandr79/Fotolia, © Gabriele Matlini/Fotolia, © cosma/Fotolia, © Alvov/Fotolia, © Lilya/Fotolia, © Printemps/Fotolia, © Tilio & Paolo/Fotolia, © Dmytro Tolokonov/Fotolia, © vencav/Fotolia, © wajan/Fotolia, © Jaroslav Grudinski/Fotolia, © Baltazar/Fotolia, © Mykola Mazuryk/Fotolia, © Delphimages/Fotolia, © Sunny Studio/Fotolia, © Ivonne Wierink, © jojjik/Fotolia, © laguna35/Fotolia, © Iakov Kalinin/Fotolia, © Chad McDermott/Fotolia, © Jag_cz/Shutterstock, © Kushnirov Avram, © liatris/Fotolia, © luigi giordano/Fotolia.

Wir danken allen Rechteinhabern für die freundliche Erteilung der Abdruckgenehmigung. Der Verlag hat sich bemüht, alle Rechteinhaber in Erfahrung zu bringen. Für zusätzliche Hinweise sind wir dankbar.

Bibliografische Information der Deutschen Nationalbibliothek
Die Deutsche Nationalbibliothek verzeichnet diese Publikation in der Deutschen Nationalbibliografie; detaillierte bibliografische Daten sind im Internet über http://dnb.d-nb.de abrufbar.

**Besuchen Sie uns im Internet:**
**www.st-benno.de**

Gern informieren wir Sie unverbindlich und aktuell auch in unserem Newsletter zum Verlagsprogramm, zu Neuerscheinungen und Aktionen. Einfach anmelden unter www.st-benno.de

ISBN 978-3-7462-5198-1


Zusammenstellung: Volker Bauch, Leipzig
Umschlaggestaltung: Ulrike Vetter, Leipzig
Gesamtherstellung: Kontext, Lemsel (F)